Daddy
Loves You

Papa te ama

Alyssa Y. Brooks

AuthorHouse™
1663 Liberty Drive
Bloomington, IN 47403
www.authorhouse.com
Phone: 833-262-8899

This book is printed on acid-free paper.

ISBN: 978-1-6655-4144-2 (sc)
ISBN: 978-1-6655-4143-5 (e)

Library of Congress Control Number: 2021921460

Print information available on the last page.

Published by AuthorHouse 10/29/2021

authorHOUSE®

Daddy Loves You

Princess
I Love
You

I live with my dad in an apartment building near my school. I have my own room that is painted pink, yellow, and blue. My furniture is white and my sheets are really cute too. My name is on the wall and it says, "Princess I Love You".

Vivo con mi papá en un edificio de apartamentos cerca de mi escuela. Tengo mi propia habitación que está pintada de rosa, amarillo y azul. Mis muebles son blancos y mis sábanas también son muy lindas. Mi nombre está en la pared y dice: "Princesa te amo".

In the morning when we are off to school I am the student and he is the principal. Now it is 3 o'clock and the bell is about to ring, me and my dad will meet by the swings.

Por la mañana, cuando nos vamos a la escuela, yo soy el estudiante y él es el director. Ahora son las 3 en punto y la campana está a punto de sonar, mi papá y yo nos encontraremos en los columpios.

When he makes us breakfast we will eat it in bed. He always makes my favorite red velvet pancakes and eggs with a tall glass of orange juice that he has prepared. It is always a special moment that we share.

Cuando nos haga el desayuno lo tomaremos en la cama. Siempre hace mis tortitas y huevos de terciopelo rojo favoritos con un vaso alto de jugo de naranja que ha preparado. Siempre es un momento especial que compartimos.

My dad makes me happy and keeps a smile on my face. He shows that he loves me in so many ways. He does a great job at keeping me healthy and safe. He also gives me hugs and kisses every day.

Mi papá me hace feliz y mantiene una sonrisa en mi rostro. Demuestra que me ama de muchas maneras. Él hace un gran trabajo para mantenerme sano y seguro. También me da abrazos y besos todos los días.

When it was lunchtime he made us a homemade pizza and a pitcher of lemonade. Once we were done he asked me, "May I have this dance". I grabbed his hand and I stood on his feet and pants, as he begins to sing a beautiful song that he wrote just for me.

Cuando llegó la hora de comer nos preparó una pizza casera y una jarra de limonada. Una vez que terminamos, me preguntó: "¿Puedo tener este baile". Agarré su mano y me paré sobre sus pies y sus pantalones, mientras él comienza a cantar una hermosa canción que escribió solo para mí.

Me and my dad will dress up for a tea party and drink sweet tea while eating crackers and cheese. We enjoy watching movies that are rated PG-13. We also play board games that are exciting and cool. Building 3-D puzzles is also something we like to do.

Mi papá y yo nos vestiremos bien para una fiesta de té y beberemos té dulce mientras comemos galletas saladas y queso. Disfrutamos viendo películas clasificadas PG-13. También jugamos juegos de mesa que son emocionantes y geniales. La construcción de rompecabezas en 3D también es algo que nos gusta hacer.

For dinner my dad made us mashed potatoes, meatloaf, and broccoli. The food was so yummy it filled up my tummy. I also had a strawberry lime slurpee that made me twist up my face and look real silly. I ended up with a brain freeze that lasted more than three minutes.

Para la cena, mi papá nos hizo puré de papas, pastel de carne y brócoli. La comida era tan deliciosa que llenó mi estómago. También tomé un slurpee de fresa y lima que me hizo torcer la cara y parecer realmente tonta. Terminé con un congelamiento cerebral que duró más de tres minutos.

Every day just before bed when it is warm outside we would exercise by riding our bikes to the park, but we couldn't go because it rained all day and now it's getting dark.

Todos los días, justo antes de acostarnos, cuando hace calor afuera, hacíamos ejercicio yendo en bicicleta al parque, pero no podíamos ir porque llovía todo el día y ahora está oscureciendo.

When it is bath-time he fills the tub with bubbles. I got in and play with my favorite toy name Mr. Cuddles. I wash behind my ears all the way to my toes and now, I am all covered in soap. Once I am out I will dry off everything from my head to my feet and put on the pajamas that he has laid out for me.

Cuando llega la hora del baño, llena la bañera de burbujas. Entré y jugué con mi juguete favorito, el Sr. Cuddles. Me lavo detrás de las orejas hasta los dedos de los pies y ahora estoy toda cubierta de jabón. Una vez que salga, me secaré todo, desde la cabeza hasta los pies, y me pondré el pijama que me ha tendido.

Princess I Love You

Time for bed he tucks me in and checked the closet and underneath the bed then, he will tell me a story that he made up in his head.

Hora de ir a la cama, me arropa y revisa el armario y, debajo de la cama, me cuenta una historia que se inventó en la cabeza.

About me being a princess and he is the king, we live in a big huge castle in a far away land with candy drops made out of everything. The land is also made out of chocolate, marshmallows, and ice cream.

Acerca de que soy una princesa y él es el rey, vivimos en un enorme castillo en una tierra lejana con caramelos hechos de todo. La tierra también está hecha de chocolate, malvaviscos y helados.

He will tell me this story until I fall asleep then, He will kiss me on my cheek turn off the light walk out the room turn around and say, "Princess", Daddy Loves You".

Él me contará esta historia hasta que me duerma entonces, me dará un beso en la mejilla, apagará la luz, saldrá de la habitación, da la vuelta y dirá: "Princesa", papá te ama ".

The End

El Fin

Printed in the United States
by Baker & Taylor Publisher Services